はじめに

私と友人四人（元気会）は「自分たちにできる東北震災支援を！」との思いで、宮城県にある「朝市センター保育園」を応援しています。

川崎市（神奈川県）で長い間、保育士として働いてきた私たちは、どこにいても子どもたちのことは気になります。

震災にもめげず、毎日を精一杯生きている子どもたちと、支える地域、父母、職員の方がたの力になれないだろうかと思いついたのが、出版のきっかけです。

本書は、私が義母の介護をしていた日常を会話形式で表現しています。また、新聞紙と広告紙のみで作り上げたちぎり絵を載せてみました。自己流で多少の不安はあるものの、思いつくまま自由にイメージを広げ作った作品は、どんなものでも愛着がわきます。

本書が介護に携わる方だけでなく、多くの方の目に留まり「幸せのおすそわけ」ができるよう願っています。

私　「冷房が壊れたから新しいのに取り替えてもらうので、今日は私の部屋で寝てください。あそこなら涼しいから」

義母　「まだ取り替えなくていいわ」

私　「これからどんどん暑くなるので熱中症になったら大変！　一日で済む工事なので今日やってもらいます」

義母　「本当に一日で終わるのね」

結婚してから義母の寝室にはいったことがなかった私。冷房取りつけの工事がきっかけで、寝室も掃除ができるようになり、一件落着！

「さあ！　天気がいいから屋上に出てみましょう」
「そうね……でも、今日はやめておくわ。こんな年とってみっともない姿、人に見られたくないもの」
「ここの屋上は外から見えません！　それに、他の人はいちいちお婆ちゃんのこと気にしてないです」
「みんな驚くわよ。今の私を見たら……」

義母は躾《しつけ》に厳しい母親に育てられたこともあり、近所の目をとても気にします。

「今日から渋谷にある介護の学校に行くことにしました。学校を卒業したら、どんなお世話もできるヘルパーさんになれるらしいから」
「まあ、これからまたお勉強？　大変ね。私なら大丈夫よ。いってらっしゃい」

嫁の私に身のまわりの世話をしてもらうのは、プライドが許さない義母。考えたあげく、ヘルパーの資格をとろうと学校に行きはじめました。

「少し外に出て、外気浴した方がいいんだけど」

「今日は頭が痛いからやめておく」

「ほんの五分でも外の空気吸うだけで、気分がちがうわよ」

「今度、なんでもない時にするわ」

「お婆ちゃんはなんでもない時がないでしょう？　今日は頭が痛い、明日は足が痛いって。わかりました、今日は午後にお風呂にはいります。お風呂にはいってシャンプーして、すっきりすると頭もなおります」

「エッ…！　お風呂」


外に出るのはもちろん、一日おきのお風呂もおっくうになり、なにかと理由をつけては嫌がります。いざ入浴してしまうと「ごくらく、ごくらく♪」とルンルンでしたが。

「さあ、今日から私がお風呂で洗ってあげます。なにしろ、介護の学校で一番上手って褒められていたんだから」

「お風呂は一人ではいるわ」

「お婆ちゃん、いつも頭かゆい、背中かゆいって言ってるでしょう。あれね、洗い方があるのよ。学校で教えてもらったの」

「へぇーッ、そんなことも教えるの?」

「全部教えてもらったの。でも、毎日やらないとコツを忘れるから、毎日やりなさいって言われたの」


「介護の専門家ですよ」をちらつかせ、この日から身体介護もするようになり、次第に拒否がなくなっていった義母です。

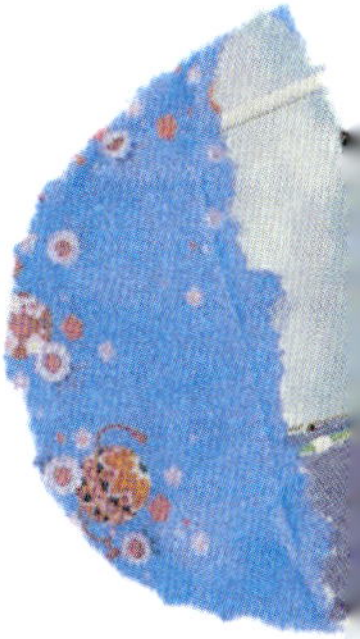

「このお菓子はお家で食べてね、私の分はまだあるから」
「私、今日もここに泊めてもらいたいから、お菓子もここでいただきます」
「えっ！　泊っていきたいの？　帰る家がないんだったら、好きなだけ泊っていいのよ。遠慮なんかしないでちょうだい。そうなの、お家がなかったのねえ……」

義母は自分の家にいることさえ忘れてしまうことがあり、おしゃべりもトンチンカンになりますが、楽しい一時がすごせました。

「ねえ、鍵が壊れて中から閉められないの！」

「古くなって、鍵ごとぬけちゃったんです。鍵のなおしを頼んであるから大丈夫です」

「それならいいんだけれど」

「でも今、忙しいらしくて、しばらく待ってくださいって言われちゃって」

「仕方ないわよ、お仕事している人はみんな忙しいもの」


寝室の鍵を内側からかけてしまうので、二つあるドアの一方の鍵をはずして、そこから私が出入りするうちに、すっかり鍵のことは忘れてしまい、気にもとめなくなりました。

大雄寶殿

「包丁がなくてご飯のしたくができないんだけど、お婆ちゃん、片付けてくれた？」
「さあ、私じゃないわよ。誰かしらねえ」
「誰かしらって、ここには私とお婆ちゃんしかいないでしょ。本当に困っちゃうのよ、包丁がないと」

包丁はあらゆる場所にしまわれ、毎朝の私の仕事は包丁捜しからはじまります。「先に自分で隠しちゃえばいいのよ」と友人から助言をもらい、それ以降「包丁かくし」は私の寝る前の仕事になりました。

「お婆ちゃんは幸せね。お誕生日に姪からまでカードが届いたり、カーディガンや室内ばきがプレゼントされて」

「女の人は気がきくのねえ。私は男の子三人産んでも母にまかせて、働くばっかりだったでしょう。だから、子どもたちの（結婚）相手がみんな働いている人で驚いたの。お仕事していない人を選ぶと思ってたから」

誕生日プレゼントの話から三人の息子の結婚相手の話、自分の妹や弟の話にまで広がり、めずらしく寝るのが遅くなった一夜でした。

「お婆ちゃんはベッドから何回もおっこっているから、一人で寝かせてはダメですよって言われたの。今夜から私が隣りのベッドで眠ります」

「平気よ、大丈夫!」

「大丈夫じゃないから言ってるの。年寄りはすぐ骨が折れちゃうし、病院に入院したら大変なことになっちゃう……」

「もう家に戻ってこれなくなる?」

「もう無理。戻れません!」


この日から義母と寝室を一緒にしました。夜中、トイレに起きた時に、隣りで私が寝ているのでギョッとした様子でしたが、三日もするとすっかり慣れてしまいました。

「今日からリハビリパンツにしましょう。お風呂のあと使ってみるので、今から用意できますか？」
「はい！　今、買ってきます」

訪問介護のKさんのこの一言が、私の心をバラ色にしてくれました。当時、義母にリハビリパンツの使用をどうきり出すか。悩んでいた私に反し、当日、義母はリハビリパンツになったことすら忘れてしまっていました。

「入れ歯をしないとよく噛めないから先に入れ歯を入れないとね」

「ハイどうぞ！」

「これはお婆ちゃんが入れるんです。私じゃないの」

「こう？　こう？　どうやるの」

「これでいいんです。さあ、これで大丈夫」


自分で口から出し入れしていた入れ歯も、上の歯、下の歯、向きのちがいもわからなくなり、一人でやれなくなってしまいました。

「おお、冷たい手ね！」

「あら、そうですか？　自分の手を先に温めておかないといけなかったわね。やっぱり孫の言うとおりだわ。お婆ちゃんは大ざっぱって言われるのも無理ないわね」

「あなたはあんまり心配しない方？」

「そう！　ケセラセラの人生です、私は」

「何それ？」

「ケセラセラ～♪　なるようになる～♪って、あんまり後を振り向かないんです。お婆ちゃんは石橋をたたいても渡らない人でしょう」

「そんなことないけれど……」


清拭の時、タオルだけ温め、自分の手は温めないではじめた私に言った一言。次の日からは、もちろん自分の手を先に温めました。

「そこが開いていると、のぞかれるから閉めてちょうだい」

「あのね、お婆ちゃん。のぞきたい人は若い子を狙うのよ。私たちみたいなお婆さんは狙いません！　あそこを少し開けているのは、部屋にいても外が明るいとか雨だとかわかるように、わざとしているの」

「そうなの？」


寝室のカーテンが少しでも開いていると、とても気になるらしく、毎日同じことを言われ、時には聞こえないふりをしていた私です。

「足が腫れてむくんじゃったわね。お婆ちゃんの足は細くて形がいいのに」

「そんなこと一度も言われたことないわよ」

「お婆ちゃんは顔だって美人だし、おじいちゃんも言ってたのよ」

「おじいちゃん？」

「孝一さん。お婆ちゃんの旦那さん」

「お父さんはどこに行ったの？」

「孝一さんは、ずいぶん前に亡くなりました。お婆ちゃんはそれから一八年も一人で生きてきたでしょう」

「そうだったかしらねえ」


足浴の時、むくんだ足をマッサージしながら義父の話になり、会話がはずみました。

「ねえ……あの尖った物を下におろしてちょうだい。あんなところに置いたら危ないわ」

「あれは、ものさしだから大丈夫です」

「そうなの？　でも、それは危ないわよね。あんなのが落ちてきたらケガするわよ」

「それは、お菓子がはいっている黒い箱です。ほらね！」

「あら本当だ。最近、目もよく見えなくて」


心配性の義母は、テーブルの上にハサミを置いておくだけでも心配になるほどで、あれこれ目につく物が心配でなりません。

「私、何も聞いてないのに、ここに連れてこられたので、財布を持ってきていないの。お支払いできないんです。もどって取ってきます」

「お金のことはいいのよ。お婆ちゃん」

「だめです！　ただというわけにはいきません」

外に出ることのなかった義母の初めての外出は、ショートステイでの泊りでした。トイレの介助も女性スタッフの方がついてくださり、安心してまかせることができ、感謝でいっぱいでした。

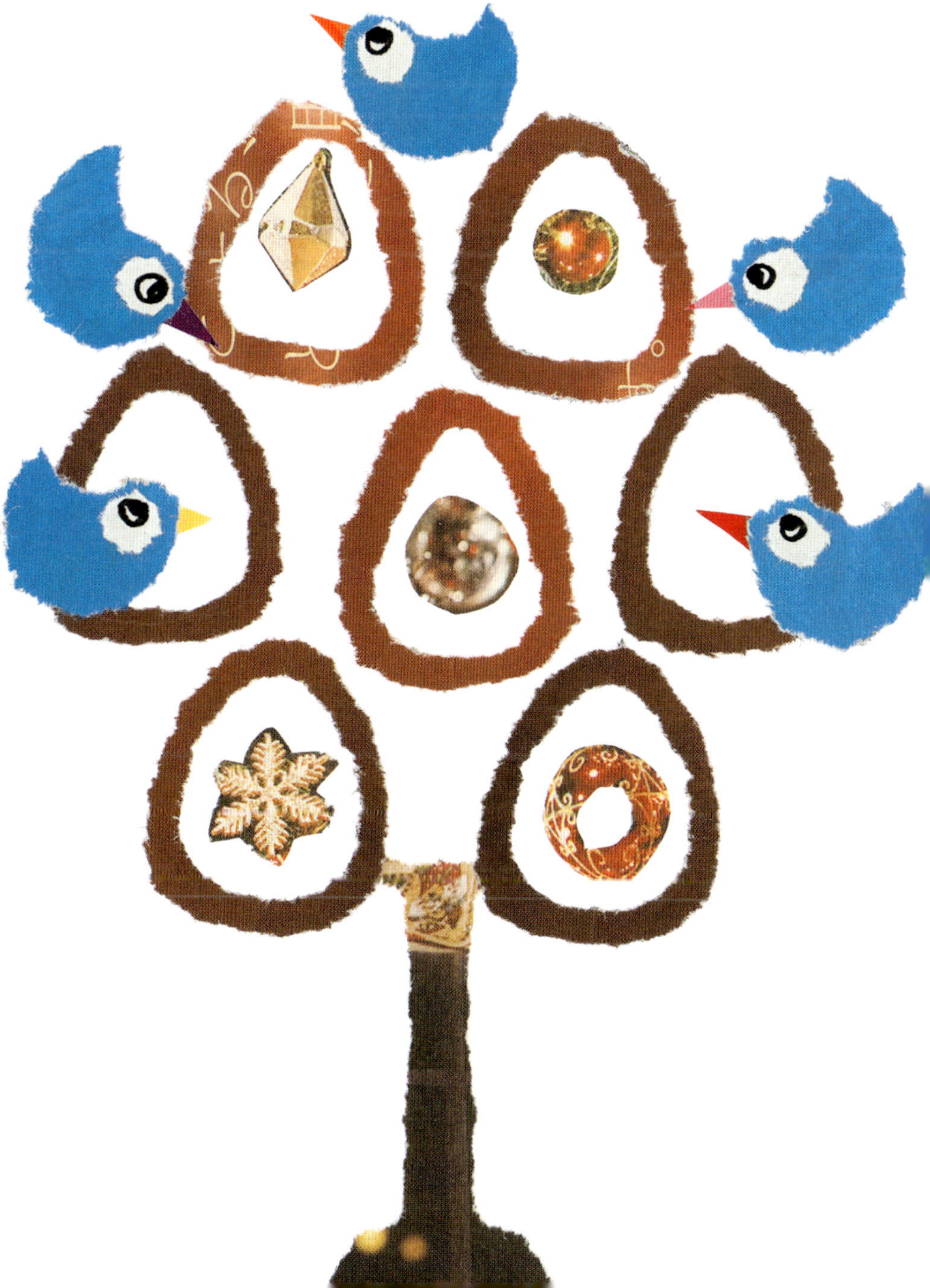

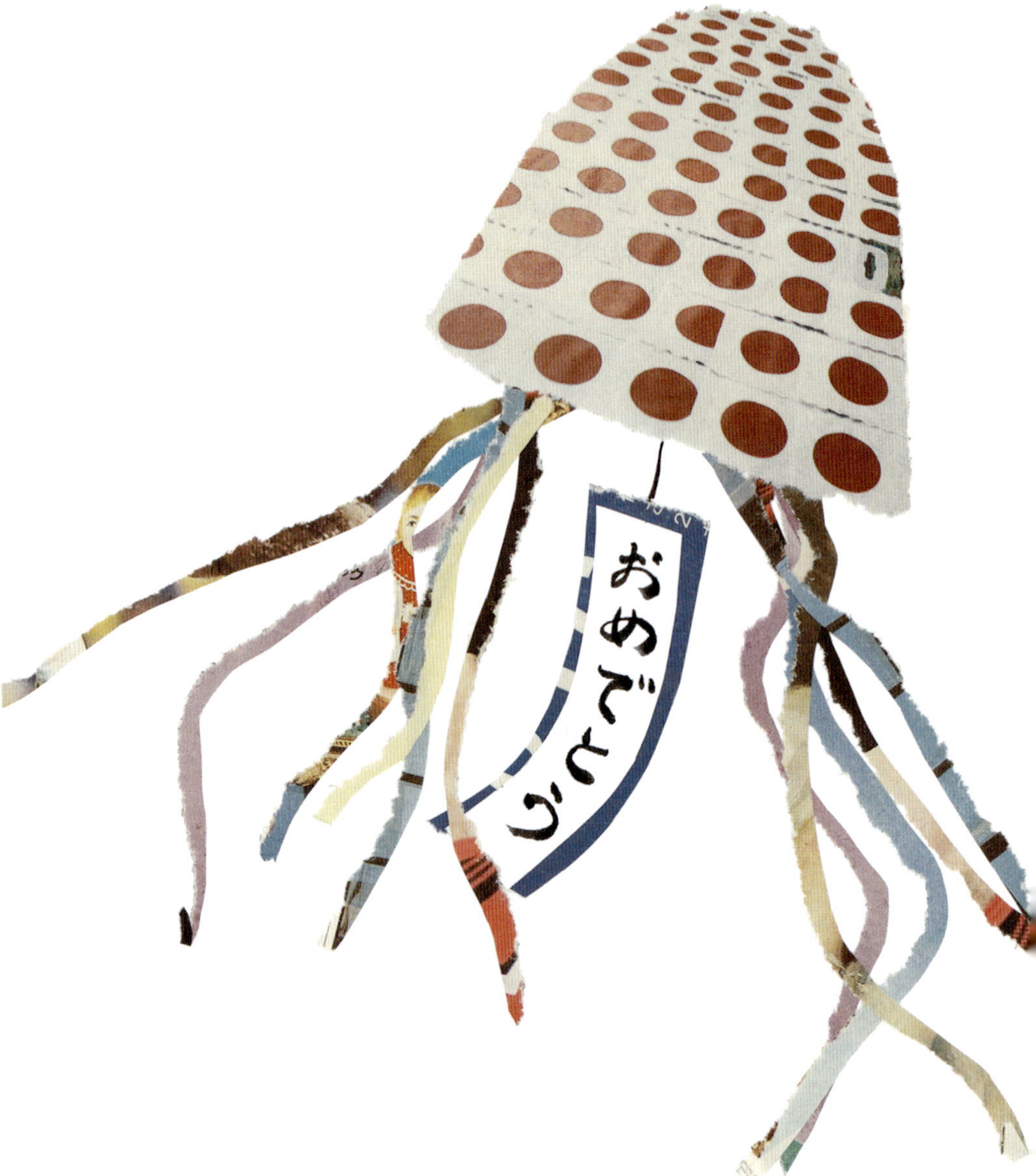
おめでとう

「大福とお団子、買ってきたけれど、どっちにしますか？」

「……」

「お婆ちゃん、どっちを食べますかって聞いてるんだけど」

「むずかしいこと言われるとわからないわ」

「私そんなにむずかしいこと言ってませんよ！　大福かお団子か、食べたい方を決めてって言ってるだけです」


自分で選ぶこともできにくくなり、自分の世界にはいり込んでいた義母。あまい大福や団子も時には塩辛い味になることもありました。

「私、若い頃は記憶力がよかったんだけど、九〇過ぎたら何も考えられなくなった気がするのよ」

「年をとったら、どうでもいいことは忘れるようになるのよ。私だって今、何を取りに行ったのかさえ覚えてないもの」

「あら、あなたもそうなの？」

「みんなそうなるのよ、お婆ちゃん」

「よかった！　みんなもそうなのね。私だけかなと思っていたの」


何か一言いってもらうだけで、見えない不安が消えてホッとする姿がありました。ぼんやりする姿がこの頃から目立ちはじめました。

「あなたと何がきっかけで知り合ったのかしら」

「お婆ちゃんは三人の息子を産んで、私は二番目の息子の孝と結婚したの。だから、私とは三〇年以上のつきあいになるわね」

「エーッ？　私三人も産んだの？　大変だったのねえ。あなたは何人兄弟？」

「七人です。一番目から五番目まで女だから、私は五女！」

「きゃあ～、大変！」


めっきり会話の少なくなった私たちでも、この日は昔話やら流行歌の話で楽しい時間となりました。

「ビールはググッと喉で飲まなきゃ、おいしくないわ」

「喉で飲めるの？　口で飲むのかと思ってたわ」

「言い方のたとえが悪かったけど、日本酒みたいにチビチビ飲んでたから言ったまでです」

「あらそうでしたか、それはすみませんでしたね」


食欲のない時でもビールは好きでチビチビ飲みを楽しんでいました。ご飯を済ませ、「あっ忘れてた！」と、わざと後からビールを出すのが日課でした。ビールを先に出すと、ご飯を食べないのです。

「こんな時間にガスなんかいじって、どうしたの？　お茶？」
「そうじゃないんだけど、ちょっとね。あなたは寝てて大丈夫よ」
「まだ夜中の二時だから、外は真っ暗なの。もう少したったら明るくなるから、それまで寝てましょう」

義母は年をとった姿を近所の人に見られたくない思いが強く、鍵を開けて外に出ることは一度もありませんでしたが、毎晩、トイレに起きるたびに家の中での徘徊がはじまりました。

「今日はもうすぐお風呂屋さんが来ますよ」

「そんなこと、いつ決まったの！」

「あのね、お婆ちゃん。ゴミの日って決まってるでしょう。今度、お風呂の日も町内会ごとに決まったのよ。みんな順番にしないと混雑して大変なことになるから、うちは水曜日の朝になったの」

「なんでも決まっちゃうのね」

「田舎とちがって人が大勢いるところは、なんでも決めごとを作らないと守れないんでしょうね」

「それはそうよ。勝手なこと言ってたらはじまらないもの」


寝たきりになってからの義母を私一人では入浴させることはできず、「入浴サービス」を受けていました。

「南瓜《かぼちゃ》のおかわりありますよ」

「南瓜って、どれ？」

「今、食べてるのが南瓜よ、甘くておいしいでしょう」

「……」

「まずかった？」

「……おいしいか、まずいかよくわからない」


「あら、きれいね！」「おいしいわね」の言葉がよく出ていたのに、色や形どころか味覚までも少しずつ衰えて、感情表現もうまく出せなくなっていきました。

「お婆ちゃん、僕のことわかる？」

「誰に言ってるの！　自分の子をわからない親がどこにいるの！」

「そうだね、これは失礼しました。お婆ちゃん、元気そうだね」


しばらくぶりで顔を出した私の夫に発した義母の一言でしたが、この三か月後には夫のことも忘れ、私は「身のまわりをしてくれるお手伝いさん」になってしまいました。

「気をつけてね。カレーは汚れが落ちないから」

「大丈夫だよ。気をつけて食べるから」

「白いズボンについたら大変だもの」

「ありがとう、お母さん」

「女の人は洗濯もしなきゃいけないから大変なのよ。男の人は気にしないけど」


自分は食事介助されながらも、三男の息子には、その食べ具合までのぞき込むようにしながら、しっかりとした母の姿を見せます。

最愛の息子に脈をとってもらい、家族が見守る中、静かにあの世に旅立った義母。
介護は大変さもつきまとうけれど、その時どき、私に小さな幸せをくれました。今も二人の会話を思い出しています。
あちらでは好物のビールを楽しみながら、好きなだけピアノを弾いて、のんびりすごしてくださいね。
長い間お疲れさまでした。そして、ありがとうございました!!

あとがき

先の大戦では、横浜空襲で機銃掃射を受け、死地をさまよい、家も焼かれ、焼け野原から出発しなければならなかった義母。長年、地域で小児科医として仕事を続け、おだやかな性格でありながら、芯の強さが垣間見えたのは、戦争を生き抜き培われたものも多かったのではと思います。

幸い義母は認知症のためか、自分を嘆いたり、悔やんだり、暴言を吐くということもなく、自宅で落ち着いた日々を過ごすことができました。

また、私のちぎり絵を見ては「あら可愛い」とほめてくれたことが今も脳裏に焼きついています。

介護は誰もがたどる道とはいえ、介護される身、介護する身になってはじめてわかることが多々ありました。

二〇一五年、二月二四日永眠しましたが、九三歳の人生を自分らしく全うでき、幸せな人生だったと思います。

鵜養 君子（うかい きみこ）
1950年、福島県生まれ。高校まで地元で過ごす。
1972年、神奈川県川崎市の公立保育園に勤務。39年間、保育士を務める。
2010年、介護のため福島県へ戻る。
現在、家事をしながらボランティア活動（元気会）などを行なう。

『介護《かいご》ちぎり絵《え》　幸《しあわ》せのおすそわけ』

2015年11月19日　第1刷発行 ©

絵・文　鵜養 君子

発　行　東銀座出版社
東京都千代田区三崎町2-6-8 大室ビル
TEL：03-6256-8918　FAX：03-6256-8919
http://www.higasiginza.co.jp

印刷　シナノ印刷株式会社